BEI GRIN MACHT SICH IHR WISSEN BEZAHLT

- Wir veröffentlichen Ihre Hausarbeit,
  Bachelor- und Masterarbeit

- Ihr eigenes eBook und Buch -
  weltweit in allen wichtigen Shops

- Verdienen Sie an jedem Verkauf

Jetzt bei www.GRIN.com hochladen und kostenlos publizieren

Cloud Computing fördert den Trend zur Umsetzung von Home-Offices

Lars Vieten

Bibliografische Information der Deutschen Nationalbibliothek:

Die Deutsche Nationalbibliothek verzeichnet diese Publikation in der Deutschen Nationalbibliografie; detaillierte bibliografische Daten sind im Internet über http://dnb.d-nb.de abrufbar.

ISBN: 9783346674029
Dieses Buch ist auch als E-Book erhältlich.

© GRIN Publishing GmbH
Nymphenburger Straße 86
80636 München

Druck und Bindung: Books on Demand GmbH, Norderstedt Germany
Gedruckt auf säurefreiem Papier aus verantwortungsvollen Quellen

Das Buch bei GRIN: https://www.grin.com/document/1246150

FOM Hochschule für Ökonomie & Management

Hochschulzentrum Düsseldorf

Berufsbegleitender Studiengang zum Bachelor of Sience (B. Sc.) in Wirtschaftsinformatik

3. Semester

Seminararbeit im Modul

IT-Infrastruktur

zum Thema

Cloud Computing fördert den Trend zur Umsetzung von Home Offices

Autor: Lars Vieten
Abgabedatum: 07.02.2021

Inhaltsverzeichnis

III

Abbildungsverzeichnis

1 Einleitung

„Der Einsatz von Cloud-Lösungen ist in der Zeit von COVID-19 erfolgsentscheidend für viele Unternehmen mit Heimarbeitsplätzen geworden."[1] In den letzten Jahren haben nur wenige andere IT-Trends so dominiert wie Cloud Computing.[2] Die Corona Pandemie trägt dazu bei, dass viele Unternehmen kurzfristig auf Home-Office umsteigen mussten, obwohl sich mobiles Arbeiten bis dahin gesellschaftlich noch nicht etablieren konnte.

Da ein schneller und reibungsloser Übergang in die Heimarbeit stattfinden musste, waren Unternehmen dazu verpflichtet Überlegungen anzustellen, wie Orts- und Zeitungebundenheit für die Arbeit ihrer Mitarbeiter sichergestellt werden kann, um weiterhin produktiv, effizient und wettbewerbsfähig zu bleiben. Außerdem ist es wichtig in Betracht zu ziehen, ob ein vollständiger Ausbau der eigenen IT-Infrastruktur zeitgemäß und lukrativ ist oder ob eine Inanspruchnahme von IT-Technologien der Cloud für Software, Rechenleistung oder Speicherplatz über Datennetze sinnvoller ist. Dabei sollten die Anforderungen, die Unternehmensgröße und die Kosten, beziehungsweise die Investitionsmittel, berücksichtigt werden.

Im Rahmen dieser wissenschaftlichen Arbeit wird der Frage nachgegangen, wie Cloud Computing den Trend zur Umsetzung von Home-Office fördert. Hierbei soll ebenfalls herausgestellt werden, wie relevant Home-Office zukünftig sein wird. Ausgehend von der zuvor beschriebenen Handlungsnotwendigkeit für Unternehmen soll die Arbeit untersuchen, wie Cloud Computing die Umsetzung von Home-Office unterstützen kann. Außerdem sollen die Potenziale und Risiken der Cloud diskutiert werden.

Die vorliegende Arbeit gliedert sich in vier Teile. Zunächst soll ein generelles Verständnis für Home-Office und mobiles Arbeiten geschaffen werden. Es soll die Frage klären, weshalb Home-Office immer relevanter wird und welche technischen Voraussetzungen für erfolgreiches arbeiten von unterwegs bestehen. Weiterhin sollen die theoretischen Grundlagen des Cloud-Computings anhand der Funktionalitäten, unterschiedlichen Servicemodelle und Organisationsformen erläutert werden. Aus den Erkenntnissen sollen dann die wichtigsten Ergebnisse der Forschung zusammengetragen und im Anschluss die

---

[1] *KPMG*, Cloud-Computing in Zeiten von Covid-19, 2020, S. 5.
[2] Vgl. *KPMG*, Cloud-Computing in Zeiten von Covid-19, 2020, S. 5.

Effizienzpotenziale und Risiken für Unternehmen gegenübergestellt werden. Die vorliegende Arbeit schließt mit einem Fazit und soll einen Ausblick auf weitere Forschungsfragen und die Zukunft geben.

Der Umfang der Arbeit befasst sich nicht mit traditionellen IT-Outsourcing Methoden wie Application Service Providing (ASP) oder Grid Computing. Des Weiteren wird nicht dargestellt welche Maßnahmen getroffen werden müssen, um eine erfolgreiche Migration zu einer Cloud-Infrastruktur zu gewährleisten. Datensicherheit und Datenschutz sind entscheidende Gesichtspunkte für viele Unternehmen. Diese genau zu untersuchen würde daher den Rahmen der vorliegenden Arbeit überschreiten.

2 Home-Office

Gerade die jüngeren Generationen sehen es vor, nicht nur vom eigenen Zuhause aus zu arbeiten, sondern grundlegend zeit- und ortunsabhängig zu arbeiten. Es liegen verschiedene Definitionen des Home-Office oder im generellen der mobilen Arbeit vor. Da sich zukünftig die Definition des Home-Office erweitern wird[3], folgt an dieser Stelle eine Definition des mobilen Arbeitens: „Mobile Arbeit findet statt, wenn die Arbeitstätigkeit in erheblichem Maße miträumlicher Mobilität einhergeht. Die Arbeit wird an verschiedenen Orten – unter Nutzung mobiler Endgeräte – erbracht."[4]

2.1 Potenziale des Home-Office

Die Trends von Globalisierung und Digitalisierung eröffnen neue Alternativen wie flexible Arbeitsmodelle, Heimarbeit oder mobiles Arbeiten. Besonders dafür geeignet sind Büroarbeiten, die mit Telefon und Laptop erledigt werden können. Es gehört zu den Aufgaben der Unternehmen die Entwicklung der Arbeitsweise für Angestellte attraktiv zu gestalten.[5] Die Anforderungen an das Arbeitsumfeld unterscheiden sich bei den jüngeren Generationen oftmals von den Vorhergehenden. Work-Life-Balance, also die Möglichkeit Freizeit, Familie und Beruf im Einklang zu halten, haben bei der Wahl des Unternehmens einen hohen Stellenwert.[6] Die Chance zu haben, von Zuhause aus zu arbeiten, beinhaltet eine steigende Zufriedenheit der Mitarbeiter. Des Weiteren werden bei der räumlichen Unabhängigkeit die Pendlerzeiten eingespart. Dies entlastet gesamtgesellschaftlich sowohl Umwelt, als auch Infrastruktur.[7] Aus unternehmerischer Sicht konnte eine Studie der Stanford University über neun Monate feststellen, dass die Effizient von Heimarbeiten um 13% gestiegen ist.[8] Konzentriertes und ungestörtes Arbeiten in einer freigewählten Umgebung unterstützt die Produktivität und die Zeitsouveränität. Hinzu kommt, dass Einsparungspotenziale mittels Reduktion der Fixkosten für Büroflächen entstehen. Wer hochwertige Fachkräfte für sein Unternehmen

---

[3] Vgl. *Landes, M.* et al., Führung von Mitarbeitenden, 2020, S. 10.
[4] Vgl. *Breisig, Thomas, Hiltraud Grzech-Sukalo und Gerlinde Vogl*, Mobile Arbeit gesund gestalten, 2017, S. 6.
[5] Vgl. *Kraus, S.,Grzech-Sukalo, H.,Rieder, K.*, Mobile Arbeit - was ist wirklich belastend?, 2020, S. 168.
[6] Vgl. *Landes, M.* et al., Führung von Mitarbeitenden, 2020, S. 3.
[7] Vgl. *Landes, M.* et al., Führung von Mitarbeitenden, 2020, S. 11 f.
[8] Vgl. *Bloom, N.* et al., Does Working from Home Work?, 2015, S. 169.

akquirieren möchte schafft sich eine gute Grundlage, indem diese Erwartungen erfüllt werden.

2.2 Entwicklung zum Home-Office während COVID-19

Schon seit einigen Jahren besteht die Flexibilität von Zuhause oder unterwegs zu arbeiten. Während dafür Mitarbeitern aus digitalen Unternehmen die Möglichkeit eingeräumt wurde, ist dies in traditionellen Unternehmen aus dem Mittelstand entweder nur für Führungsmitarbeiter oder Mitarbeitern mit häufigen Geschäftsreisen ermöglicht worden. Eine Bitkom Studie von 1503 Befragten zeigt, dass vor der Coronapandemie 1,4 Millionen Berufstätige (3 Prozent der Bevölkerung) dauerhaft und weitere 15% teilweise im Home-Office arbeiteten (siehe Abbildung 2). Mit dem Ausbruch des Coronavirus SARS-CoV-2 im Dezember 2019 änderte sich die Situation schlagartig. Es wurde erforderlich den Kontakt zu anderen Menschen sowohl im Privaten, als auch im Arbeitsleben weitestgehend und bestmöglich einzuschränken. Für einen Teil der Bevölkerung war Home-Office zeitweise der neue Arbeitsalltag.[9] Eine Umfrage des Bundesverbands Digitale Wirtschaft (BVDW) im März 2020 ergab, dass ungefähr 60% bei möglichen gesundheitsgefährdenden Situationen wie dem Ausbruch des Coronavirus bevorzugt von Zuhause zu arbeiten würden.[10] Zum Schutz der Gesundheit prüften diverse Unternehmen, ob den Mitarbeitern eine kurzfristige Arbeitsfähigkeit von Zuhause gewährleistet werden könnte. Eine weitere Studie des BVDW ergab, dass 54% der Befragten aus kleinen, mittleren und großen Unternehmen über die technischen Voraussetzungen von Homeoffice zu Beginn der Pandemie in Deutschland verfügten.[11] Laut der Bitkom Studie haben im Jahr 2020 25% der Berufstätigen ausschließlich und weitere 20% teilweise, also nicht jeden Arbeitstag der Woche, im Home-Office gearbeitet. Darüber hinaus wird davon ausgegangen, dass nach Ende der Pandemie 35% der Erwerbstätigen Ihrer Arbeit ortsungebunden nachkommen werden (siehe Abbildung 2).

---

[9] Vgl. *Bruhn, P.*, Homeoffice und mobiles Arbeiten, 2020.
[10] Vgl. *Statista*, Einsatz von Homeoffice infolge des Coronavirus, 2020.
[11] Vgl. *Statista*, Technische Möglichkeit von Homeoffice 2020, 2020.

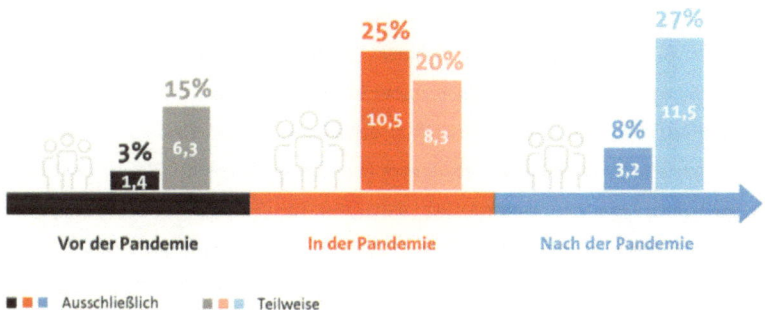

Abbildung 1: Corona macht Homeoffice massentauglich
Quelle: (Vgl. Bitkom e.V., 2020)

Bitkom Präsident Achim Berg sieht die Pandemie als Ursache einer drastischen und nachhaltigen Veränderung der Arbeitswelt. Die überwiegende Mehrheit der Menschen habe infolge der erzwungenen Home-Office Maßnahmen positive Erfahrungen bei gleichbleibender Qualität der Arbeitsergebnisse gemacht.[12]

2.3 Technische Voraussetzungen

Nachdem der Umschwung auf flexible Arbeitsmodelle und deren Potenziale untersucht wurde, lässt sich nachfolgend nun klären welche Voraussetzungen für Home-Office erfüllt werden müssen, damit möglichst produktiv, zeit- und ortsungebunden gearbeitet werden kann.[13]

Abgesehen von den Hardware Komponenten ist der Austausch von E-Mails, Dateien, Dokumenten oder Videokonferenzen notwendig und wird mittels Internetanschluss umgesetzt. Im Jahr 2019 waren ungefähr 95 % der deutschen Haushalte an das Internet angeschlossen. Dabei wird der größte Teil der Breitbandanschlüsse per DSL und ungefähr jeder vierte per Kabelanschluss realisiert.[14] Bei plötzlich eintretenden unbekannten Umständen wie der Coronapandemie ist es empfehlenswert den Mitarbeitern

---

[12] Vgl. *Bitkom e.V.*, Homeoffice, 2020.
[13] Vgl. *Bruhn, P.*, Homeoffice und mobiles Arbeiten, 2020, S. 3–12.
[14] Vgl. *Statista*, Haushalte mit Internetzugang, 2020.

Videokonferenzen zu ermöglichen, die durch positive Erfahrungen geprägt sind und den Zusammenhalt des Teams aufrechthalten.[15] Es ist zusätzlich wichtig, dass wie bisher schriftlich mittels E-Mails oder Chat kommuniziert werden kann. E-Mails werden vom und zum E-Mail-Server des Unternehmens übermittelt. Ist der E-Mail-Server vom Unternehmen betrieben und innerhalb eines Firmennetzes, kann es sein, dass ein Zugriff auf das Postfach nur im firmeninternen Netz gestattet wird.[16] Ein Virtual Private Network (VPN) muss in dem Fall vom Arbeitgeber bereitgestellt werden. VPN verbindet zum Beispiel einen Laptop im Home-Office, durch eine verschlüsselte Verbindung über das Internet mit einem Einwahlpunkt (VPN Gateway), mit dem Firmennetzwerk.[17] Zudem müssen Mitglieder eines Teams zeit- und ortsungebunden die Möglichkeit haben Informationen vom Team zu erhalten und dem Team zur Verfügung zu stellen. Um die Produktivität zu steigern ist es notwendig, die gleichzeitige Bearbeitung von Dokumenten und Themen anzubieten. Die Effektivität kann ebenfalls über Tools zum Teilen von Bildschirmen oder Präsentationen unterstützt werden. Die gesamte Kommunikation und Dokumentation sollten in einem System zentralisiert werden, denn die Arbeit in parallelen Informationssystemen kann den Informationsfluss behindern.[18]

---

[15] Vgl. *Bruhn, P.*, Homeoffice und mobiles Arbeiten, 2020, S. 25–29.
[16] Vgl. *Bruhn, P.*, Homeoffice und mobiles Arbeiten, 2020, S. 32 f.
[17] Vgl. *Bruhn, P.*, Homeoffice und mobiles Arbeiten, 2020, S. 36.
[18] Vgl. *Landes, M.* et al., Führung von Mitarbeitenden, 2020, S. 7.

3 Cloud-Computing

„Cloud Computing hat sich zur Kerntechnologie der Digitalisierung entwickelt. Die besonderen Herausforderungen der Covid-19-Krise haben uns die Stärken des Cloud-Computing vor Augen geführt" - Peter Heidkamp, Head of Technology (KPMG).[19]

Es ist ein Konzept von IT-Services, welches flexibel und einfach erweitert werden kann. Es ermöglicht Zugang zu IT-Ressourcen und Dienstleistungen von Dritten. Benutzer sind in der Lage ihren Desktop bzw. digitalen Arbeitsplatz aus Ihrem Büro ortsungebunden mit Zugang zu allen von Ihnen genutzten Anwendungen, Informationen und Daten zu nutzen.[20]

Das Ergebnis einer Umfrage seitens Bitkom ergab, dass 76% der 555 befragten Unternehmen Cloud-Lösungen bereits im Einsatz haben und weitere 19% diesen planen. Außerdem beschrieben 77% der Teilnehmer die Clouds als wesentlichen Faktor für die Digitalisierung des Unternehmens. Sowohl die Verbesserung interner Prozesse, als auch die Entwicklung neuer Geschäftsmodelle sind dabei inkludiert.[21]

Eine Studie von Yu untersucht die organisatorische Transformation hin zu Cloud-Diensten auf Grundlage von strategischen Wahltheorien, Managementmodetheorien und Vertrauensforschung. Das Ergebnis der Befragung von 107 chinesischen kleiner und mittlerer Unternehmen ist, dass speziell ortsungebundenes Arbeiten wie Home-Office oder arbeiten an Kundenstandorten deutlich effizienter umgesetzt werden kann.[22]

Nachfolgend wird auf die Definition und die Grundlagen wie Charakteristika, Dienstleistungsmodellen und Organisationsformen eingegangen.

3.1 Definition

Der Begriff „Cloud-Computing" sollte klar definiert werden, um einen einheitlichen Rahmen für das Verständnis weiterer Prozesse zu schaffen. Der Schwerpunkt liegt auf „as a Service" Produkten, die über die Cloud („dezentrales Rechenzentrum") bereitgestellt werden. Es existiert ein Minimum an zwei verschiedenen Rollen, sowohl

---

[19] *Bitkom e.V.*, Drei von vier Unternehmen nutzen Cloud-Computing, 2020.
[20] Vgl. *Kollmann, T.*, Digitale Wirtschaft, 2020, S. 869 f.
[21] Vgl. *Bitkom e.V.*, Drei von vier Unternehmen nutzen Cloud-Computing, 2020.
[22] Vgl. *Yu, Y.* et al., Effects of entrepreneurship, 2018.

der Cloud-Anbieter, als auch der Benutzer. Über die Zeit gab es verschiedene Definitionsversuche, bei denen sich die des National Institute of Standards and Technology (NIST) durchsetzen konnte[23]:

> „Cloud computing is a model for enabling ubiquitous, convenient, on-demand network access to a shared pool of configurable computing resources (e.g., networks, servers, storage, applications, and services) that can be rapidly provisioned and released with minimal management effort or service provider interaction. This cloud model is composed of five essential characteristics, three service models, and four deployment models."[24]

3.2 Charakteristika

NIST unterteilt in fünf verschiedene essenzielle Charakteristika: „On-demand self-service", „Broad network access", „Resource pooling", „Rapid elasticity" und „Measured Service".

On-demand self Service („Diensterbringung auf Anforderung"): Der Verbraucher kann einseitig Rechenfunktionen wie Serverzeit und Netzwerkspeicher nach Bedarf automatisch bereitstellen, ohne dass ein menschliches Zusammenwirken mit dem Dienstanbieter erforderlich ist.

Broad network access („Netzwerkbasierter Zugang"): Alle Funktionen sind über das Netzwerk verfügbar. Die Zugriffsmöglichkeiten werden durch die Unabhängigkeit von der Client-Plattform (z.B. Mobiltelefone, Tablets, Laptops und Workstations) gefördert.

Ressource pooling („Ressourcenbündelung"): Die IT-Ressourcen des Anbieters werden in Pools gebündelt, aus dem sich viele Verbraucher bedienen können. Der Kunde hat ein Gefühl der Standortunabhängigkeit, jedoch in der Regel keine Kenntnis über den genauen Standort der bereitgestellten Ressourcen, jedoch kann der Speicherort (z.B. Land, Bundesland oder Rechenzentrum) vertraglich festgelegt werden. Beispiele für Ressourcen sind Speicher, Verarbeitung, Arbeitsspeicher und Netzwerkbandbreite.

Rapid elasticity („schnelle Elastizität"): Kapazitäten können flexibel, in einigen Fällen automatisch, bereitgestellt und freigegeben werden, um entsprechend der Nachfrage schnell skalieren zu können.

Measured Service („Messbare Dienstqualität"): Cloud-Systeme steuern und optimieren die Ressourcennutzung automatisch, indem sie eine Messfunktion auf einer

---

[23] Vgl. *Kollmann, T.*, Digitale Wirtschaft, 2020, S. 884 f.
[24] Vgl. *Mell, P., Grance, T.*, The NIST Definition of Cloud Computing, 2011, S. 2.

Abstraktionsebene nutzen, die der Art des Dienstes angemessen ist. Die Verwendung der Ressourcen wird überwacht, kontrolliert und gemeldet, was sowohl für Anbieter als auch Verbraucher Transparenz schafft.[25]

3.3 Dienstleistungsmodelle

Zu den gängigsten Servicemodellen gehören „Software as a Service" (SaaS), „Platform as a Service" (PaaS), „Infrastructure as a Service" (Iaas).

Bei Software as a Service (SaaS) wird dem Verbraucher die Möglichkeit geboten, die Anwendungen des Anbieters zu nutzen, die auf einer Cloud-Infrastruktur laufen. Die Applikationen können von verschiedenen Client-Geräten entweder über eine Schnittstelle, wie einen Webbrowser (z.B. webbasierte E-Mail), oder über eine Programmierschnittstelle aufgerufen werden. Der Verbraucher hat keine Verwaltung oder Kontrolle über die zugrundeliegende Cloud-Infrastruktur einschließlich Netzwerk, Server, Betriebssysteme, Speicher. Es besteht lediglich ein begrenzter Zugriff auf benutzerdefinierte Anwendungskonfigurationseinstellungen.[26] Beispiele für SaaS-Anbieter sind Salesforce.com, das Customer-Relationship-Management (CRM) Lösungen oder Google.com die Dienste wie Docs, Gmail bereitstellen.[27]

Bei Platform as a Service (PaaS) wird dem Verbraucher eine komplette Infrastruktur zur Verfügung gestellt. Der Kunde hat auf der Plattform Zugriff auf die erworbenen Dienste und standardisierte Schnittstellen. Die Plattform kann beispielsweise Datenbankzugriffe, Mandantenfähigkeit, Skalierbarkeit, Zugriffskontrollen etc. als Service anbieten. Hierbei kann der Kunde eigene Anwendungen auf der Plattform laufen lassen. Es besteht jedoch kein Zugang zu den darunterliegenden Schichten (Hardware, Betriebssystem).[28] Beispiele für solche Cloud Service Provider (CSP's) sind Google's AppEngine, Microsoft Azure, Amazon Web Services (AWS), welche zusätzlich die Möglichkeit bieten verschiedene Betriebssysteme auf demselben physischen Server zu nutzen.[29]

Bei Infrastructure as a Service (IaaS) werden dem Verbraucher virtualisierte Hardware-Ressourcen zur Verarbeitung und Speicherung, sowie Netzwerke und weitere

---

[25] Vgl. *Mell, P.,Grance, T.,* The NIST Definition of Cloud Computing, 2011, S. 2.
[26] Vgl. *Mell, P.,Grance, T.,* The NIST Definition of Cloud Computing, 2011, S. 2.
[27] Vgl. *Sehgal, N. Kumar,Bhatt, P. Chandra P.,* Cloud Computing Concepts and Practices, 2018, S. 2.
[28] Vgl. *BSI,* Cloud Computing Grundlagen, 2021.
[29] Vgl. *Sehgal, N. Kumar,Bhatt, P. Chandra P.,* Cloud Computing Concepts and Practices, 2018, S. 2.

grundlegende Rechenressourcen zur Verfügung gestellt. Diese ermöglichen die selbstständige Bereitstellung und Ausführung beliebiger Software, einschließlich Betriebssysteme und Anwendungen. Dabei verwaltet oder kontrolliert der Kunde nicht die zugrundeliegende Cloud-Infrastruktur.[30] Beispiele für IaaS sind AWS EC2 (Elastic Compute Cloud), OpenStack, Eucalyptus etc.[31]

Eine Statistik von Gartner zeigt die hohen Investitionen, sowie das stetige Wachstum innerhalb der letzten Jahre. Der Großteil der Einnahmen im Jahr 2019 wurde mit den zuvor genannten Modellen, sowie weitere 45,2 Milliarden US-Dollar mit Business Process Services (BPaaS) generiert (siehe Abbildung 3).

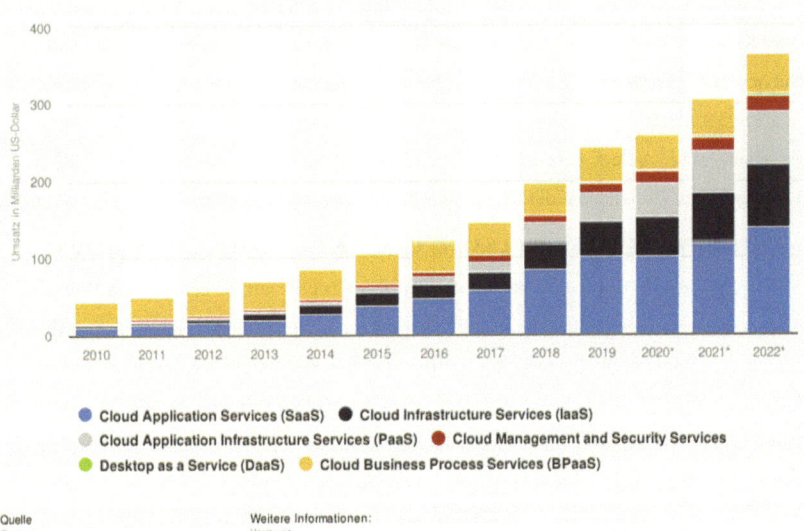

Abbildung 2: Umsatz mit Cloud Computing weltweit

Quelle: (Statista, 2020)

---

[30] Vgl. *Mell, P.,Grance, T.*, The NIST Definition of Cloud Computing, 2011, S. 3.
[31] Vgl. *Sehgal, N. Kumar,Bhatt, P. Chandra P.*, Cloud Computing Concepts and Practices, 2018, S. 2.

3.4 Organisationsformen

Es gibt verschiedene Bereitstellungsmodelle (Deployment Models) von Clouds. Dabei fehlt eine einheitliche Cloud-Typisierung. Mögliche akzeptierte Ausprägungen und Definitionen des NIST-Institut haben sich durchgesetzt.[32] Diese decken jedoch nicht alle Varianten der Angebote auf dem Markt ab, bespielhaft ist unter anderen die „Virtual Private Cloud" zu nennen.[33] Drei gängige Bereitstellungsmodelle sind die privat, public und hybride Cloud.

Bei der privaten Cloud wird die Infrastruktur ausschließlich von einer einzigen Institution betrieben, die mehrere Verbraucher umfasst. Diese wird von der besitzenden Organisation, eines Dritten oder einer Kombination aus beidem verwaltet und betrieben. Sie befindet sich im Rechenzentrum der eigenen oder einer fremden Institution.[34] Im Jahr 2019 nutzten bereits 58% der Unternehmen private Cloud Lösungen.[35]

Die Public Cloud wird für die offene Nutzung durch die Öffentlichkeit bereitgestellt. Diese kann sich im Besitz, in der Verwaltung und im Betrieb von einem Unternehmen, einer akademischen oder einer Regierungsorganisation befinden.[36] Der Einsatz dieser beträgt im Jahr 2019 bereits 38%.[37]

Die Community Cloud wird für die exklusive Anwendung durch bestimmte Gemeinschaften von Verbrauchern aus Organisationen bereitgestellt, die besondere Anliegen haben (z.B. Missionen, Sicherheitsanforderungen, Richtlinien und Compliance Überlegungen). Sie kann im Besitz von einer oder mehreren Organisationen in der Gemeinschaft, einer dritten Partei oder einer Kombination aus ihnen sein und von diesen verwaltet und betrieben werden.

Die Infrastruktur der hybriden Cloud besteht aus zwei oder mehr unterschiedlichen Cloud-Infrastrukturen (privat, Community oder public), die durch standardisierte Schnittstellen gemeinsam genutzt werden.[38]

---

[32] Vgl. *Münzl, G.,Pauly, M.,Reti, M.*, Cloud Computing als neue Herausforderung, 2015 S. 12.
[33] Vgl. *BSI*, Cloud Computing Grundlagen, 2021.
[34] Vgl. *Mell, P.,Grance, T.*, The NIST Definition of Cloud Computing, 2011, S. 3.
[35] Vgl. *Bitkom e.V.*, Drei von vier Unternehmen nutzen Cloud-Computing, 2020.
[36] Vgl. *Mell, P.,Grance, T.*, The NIST Definition of Cloud Computing, 2011, S. 3.
[37] Vgl. *Bitkom e.V.*, Drei von vier Unternehmen nutzen Cloud-Computing, 2020.
[38] Vgl. *Mell, P.,Grance, T.*, The NIST Definition of Cloud Computing, 2011, S 3.

4 Ergebnisse

Um auf die These zurückzukommen, dass Cloud-Computing den Trend zur Umsetzung von Home-Office fördert, sollen jetzt die wichtigsten Ergebnisse der Forschung dargestellt werden. Es wurde dahingehend auf Grundlage der technischen Voraussetzungen des Home-Office analysiert.

Cloud Computing bietet die Möglichkeit, den digitalen Arbeitsplatz orts- und zeitungebunden mit Zugang zu allen genutzten Anwendungen, Informationen und Daten zu nutzen. Laut Peter Heidkamp, Head of Technology (KPMG) kann Cloud Computing als Kerntechnologie der Digitalisierung angesehen werden, ohne die folglich die Umsetzung von Home-Office nicht möglich ist. Die Studie von Bitkom zeigt in dem Zusammenhang, dass bereits im Jahr 2019 76% der befragten Unternehmen Cloud-Dienste nutzten und weitere 19% den Einsatz planten. In der Umfrage stellte sich ebenfalls heraus, dass drei von vier Unternehmen Cloud-Lösungen mit einem großen Beitrag der Digitalisierung der Unternehmen in Verbindung brachten. Auch die Umfrage von Yu beschrieb den Gebrauch speziell für Home-Office als äußerst effizient. Die Statistik von Gartner zeigt den Umsatz der unterschiedlichen Servicemodelle innerhalb der letzten Jahre und prognostiziert einen deutlichen Anstieg innerhalb der nächsten Jahre. Ein Unternehmen kann sich je nach Bedarf an digitalen Lösungen an den verschieden umfangreichen Modellen orientieren. Zu den gängigsten Bereitstellungsmodellen gehören die privaten Clouds, die bereits von 58% der Unternehmen verwendet werden, sowie die öffentlichen, welche von 38% angewendet werden. Rechenfunktionen wie Serverzeit und Netzwerkspeicher können je nach Bedarf umgehend ohne Limitation erweitert werden. Hierbei wird die Ressourcennutzung automatisch optimiert. Unabhängig von der Client-Plattform, kann mittels Netzwerks auf alle Funktionen zugegriffen werden.

Die Studie von Bitkom zeigte, dass die Nutzung von Home-Office vor der Coronapandemie bei 18% lag, sowie die Annahme, dass sich die Zahl auf 35% erhöhen wird. Die jüngeren Generationen stellen unterschiedliche Anforderungen an ihr Arbeitsumfeld als die Vorangegangenen. Work-Life-Balance, die Möglichkeit von Zuhause aus zu arbeiten und dabei Pendlerzeiten zu sparen stehen im Vordergrund. Für Unternehmer ergeben sich Faktoren wie die Effizienzsteigerung von 13%, eine erhöhte

Produktivität und Zeitsouveränität, sowie Einsparungspotenziale durch Senkung der Fixkosten für Bürokosten.

5 Betriebswirtschaftliche Betrachtung

Die erhöhte Home-Office Nutzung geht einher mit der Notwendigkeit der Digitalisierungsmaßnahmen, dem Aufbau oder Ausbau der IT-Infrastruktur und der Verwendung von Cloud Lösungen, um dies umzusetzen.

Viele Anforderungen sind durch Cloud-Computing technisch realisierbar. Es ist das Ziel, Anwendungen wie Infrastrukturdienste, Plattformen oder Software weltweit und verteilt als Service bereitzustellen. Der On-Demand-Charakter in Kombination mit einer bedarfsgerechten Abrechnung der in Anspruch genommenen Leistungen ist dabei kennzeichnend und erlaubt eine flexible Anwendung der Applikationen. Es werden Alternativen zu den internen IT-Strukturen einer Unternehmung geschaffen.

Unternehmen, denen es gelingt als eines der ersten die Effizienzpotenziale zu erkennen und für sich zu nutzen, verschaffen sich auf dem Wettbewerbsmarkt einen Vorteil gegenüber den anderen Wettbewerbern. In Deutschland sind es oft mittelständische Unternehmen, die es sich nicht leisten können, diese Potenziale ungenutzt zu lassen. Cloud Computing Lösungen setzen sich in Branchen mit geringerer Wettbewerbsintensität eher langsamer durch. Die Gesamtkosten und der Gesamtnutzen müssen bekannt sein, um das volle Potenzial ausschöpfen zu können und den Effekt der Restrukturierungsmaßnahmen oder einer generellen Einbettung der Cloud Technologien zum Umstieg auf flexible Arbeitsmodelle beurteilen zu können.[39] Im Folgenden sollen abschließend die Potenziale und Risiken dargestellt werden.

5.1 Potenziale des Cloud Computing

Jedes individuelle Unternehmen kann sich an den unterschiedlich umfangreichen Einsatzmöglichkeiten der verschiedenen Dienstleistungsmodelle bedienen. Während ein Unternehmen beispielsweise von IaaS profitiert, benötigt ein anderes lediglich das Leistungsspektrum von SaaS. Dafür sollte neben der Art des verwendeten Dienstes und dem Grad der Standardisierung die Bedeutung der Cloud Lösung für eine Organisation

---

[39] Vgl. *Bräuninger, M.* et al., Cloud Computing als Instrument für effiziente IT-Lösungen, 2012, 196 f.

festgestellt werden. Struktur und Größe einer Unternehmung spielen bei der Wahl des richtigen Services eine wichtige Rolle. Ein großes Unternehmen nutzt die Dienste möglicherweise ergänzend zu den bestehenden IT-Kapazitäten, während ein Start-Up die ganze IT-Infrastruktur auf Grundlage von Clouds aufbaut. Sie bieten dabei Antworten auf operative und strategische Entscheidungen.[40]

Kosteneinsparungspotenziale und Liquiditätsvorteile werden aus Verbrauchersicht oft als Hauptvorteile angesehen.[41] Fixkosten werden in variable Kosten umgewandelt und dadurch wird weniger Kapital in IT-Infrastrukturen gebunden. Die Dienstleistungshochverfügbarkeit, die Dienstleistungsverlässlichkeit, die Elastizität analog zur Nachfrage, als auch die Option bedarfsorientiert und nur für die genutzten Produkte zu bezahlen, empfehlen sich für alle Unternehmensgrößen.[42] Beispielhaft sind SaaS Office-Funktionalitäten wie Microsoft Dynamics 365 (Customer-Relationship-Management Lösungen) zu nennen. Sie können je nach Situation bereitgestellt werden, Daten automatisiert gesichert und unabhängig vom Endgerät erreicht werden. Zudem können Investitionsrisiken gesenkt werden. Hierbei kann eine Cloud Anwendung ohne langfristige Kapitalbindung erworben werden.[43] In einer Studie von Gartner hat sich herausgestellt, dass sich die Gesamtkosten eines Unternehmens, ungeachtet der Branche in der es tätig ist, im Durchschnitt um 40 % verringert.[44]

Zudem kann sich ein Unternehmen verstärkt auf das Kerngeschäft konzentrieren, indem Ressourcen in Form von Mitarbeitern oder Investitionsmittel der IT-Abteilung freigesetzt werden. Es ergeben sich Chancen neuartige Geschäftsbereiche zu entwickeln. Dies kann zur Folge haben, dass die eigene Wettbewerbsposition gestärkt wird.[45]

SaaS-Anwenderunternehmen haben geringe Migrationskosten zu anderen Anbietern. Dadurch sind die Anbieter gezwungen den Anforderungen und Innovationen des Marktes nachzukommen und für stetige Qualitätssteigerungen der eigenen Produkte zu sorgen, wovon ebenfalls die Kunden profitieren. Mit Qualitätssiegeln wie Lean Management,

---

[40] Vgl. *Münzl, G.,Pauly, M.,Reti, M.*, Cloud Computing als neue Herausforderung, 2015, 17 f.
[41] Vgl. *Benlian, A.,Hess, T.,Buxmann, P.*, Software-as-a-Service, 2010, S. 176.
[42] Vgl. *Kollmann, T.*, Digitale Wirtschaft, 2020, S. 899.
[43] Vgl. *Münzl, G.,Pauly, M.,Reti, M.*, Cloud Computing als neue Herausforderung, 2015, S. 18.
[44] Vgl. *Givin, N.*, Cloud Economics, 2016.
[45] Vgl. *Kollmann, T.*, Digitale Wirtschaft, 2020, 898 f.

Total Quality Management und DIN-Zertifikaten heben sich Anbieter von anderen Wettbewerbern ab und verringern die Möglichkeit von Qualitätsmängeln.[46]

5.2 Risiken des Cloud Computing

Cloud Technologien können diverse negative Auswirkungen auf ein Unternehmen haben. Im Folgenden werden drei Risiken dargestellt.

Eine Studie von KPMG zeigt, dass es in den vergangenen 12 Monaten bei 43% der Unternehmer zu Ausfallzeiten aufgrund technischer Probleme seitens des Cloud-Providers gekommen ist.[47] Trotz verschiedener geografischer Liegenschaften der Datenserver zur Steigerung der Redundanz und Erhöhung der Datensicherung, kann es zu Systemausfällen kommen, welche schwerwiegende Auswirkungen auf ein Unternehmen haben. Notfallpläne und eine Reduktion der Abhängigkeit von Cloud Lösungen sind eine Alternative dahingehend entgegenzuwirken.[48] Eine Studie von Kyptoff zeigt einen Ausfall von 568 Stunden mit folgeschweren Kosten von 72 Millionen US-Dollar.[49]

Ein weiteres Risiko ist die Kosteneffizienz. Die Kosten der vorhandenen IT-Infrastruktur und alternativen IT-Outsourcing Modellen sollten genau verglichen werden.[50] Außerdem besteht ein finanzielles Risiko durch versteckte Kosten, die bei Vertragsabschluss noch nicht kalkuliert wurden. Beispielsweise müssen Anwenderunternehmen Fachleute beauftragen, die unternehmensindividuelle Anforderungen mit den bereitgestellten Anwendungen verknüpfen (z.B. Schnittstellen, die den Datenaustausch ermöglichen).[51]

Als letztes sei der Lock-In Effekt aufzuführen, welcher den Anbieterwechsel ausschließlich mit einem Verlust der eigenen IT-Infrastruktur oder sogar der implementierten Daten beschreibt. Der Einsatz von Clouds wird nicht umgehend umgesetzt, sondern benötigt eine gewisse Implementierungszeit. Im Allgemeinen werden die implementierten Daten erst in einem proprietären Format gespeichert. Daher ist eine

---

[46] Vgl. *Benlian, A.,Hess, T.,Buxmann, P.*, Software-as-a-Service, 2010, S. 177.
[47] Vgl. *Pols Axel,Vogel, M.*, Cloud-Monitor 2019, S. 11.
[48] Vgl. *Kollmann, T.*, Digitale Wirtschaft, 2020, S. 897.
[49] Vgl. *Verne Kopytoff*, The Cloud Carries Risks, Too, 2012.
[50] Vgl. *Kollmann, T.*, Digitale Wirtschaft, 2020, S. 897.
[51] Vgl. *Benlian, A.,Hess, T.,Buxmann, P.*, Software-as-a-Service, 2010, S. 178.

Migration entweder zu einem Cloud-Konkurrenten oder zurück zur eigenen IT-Infrastruktur sehr zeitaufwendig und kostspielig.[52]

---

[52] Vgl. *Kollmann, T.*, Digitale Wirtschaft, 2020, S. 896.

6 Fazit

Um die Frage dieser wissenschaftlichen Arbeit, wie Cloud Computing den Trend zur Umsetzung von Home-Office fördert, zu beantworten, lässt sich zusammenfassend sagen, dass Cloud Technologien als Motor der Digitalisierung angesehen werden können. Dabei zeigen die Ergebnisse der Studien, dass drei von vier Unternehmen diese Dienste als wichtigen Faktor der Digitalisierung sehen. 76% nutzen diese bereits, während weitere 19 % den Einsatz planen. Der steigende Umsatz über die letzten Jahre, sowie der zukünftig Anwachsende, zeigt das Interesse für derartige Technologien. Im gleichen Atemzug steigen Zahlen der Mitarbeiter, die von Zuhause arbeiten. Überzeugend sind dabei die diversen Vorteilen für Arbeitnehmer, sowie Arbeitgeber. Der Anstieg der Produktivität und Effizienz der Arbeit an sich, wird mit einer erhöhten Effizienz der Heimarbeit mit Hilfe von Cloud-Diensten untermalt.

Dies hat somit gezeigt, dass viele Unternehmen, bei einer augenblicklichen und erfolgreichen Umsetzung des Home-Office auf Cloud Computing vertrauen oder die Anwendung in Anbetracht ziehen, wenn notwendige Digitalisierungsmaßnahmen anstehen. Der flexible Charakter und das breite Leistungsspektrum von Cloud-Diensten, zusätzlich zur unmittelbaren Verfügbarkeit und Skalierbarkeit bieten dabei für Unternehmen attraktive Potenziale, um auf unvorhersehbar eintretende Umstände, wie eine weltweite Pandemie, reagieren und weiterhin wettbewerbsfähig zu agieren können.

Hierbei empfiehlt sich eine weitere Untersuchung, welche Vorkehrungen getroffen werden müssen, damit Cloud Computing trotz vorhandener IT-Infrastruktur einen größtmöglichen Mehrwert bringt. Außerdem ist zu klären, welche Dienstleistungsmodelle und welche Leistungen aus dem breiten Angebotsspektrum auf die individuellen Bedürfnisse eines Unternehmens zutreffen. Des Weiteren spielt für die meisten Unternehmen das fehlende Vertrauen in Datenschutz und Datensicherheit der sensiblen Daten eine große Rolle. Eine genaue Betrachtung der Sicherheitsrisiken, der Gesetzeslage und der Lösungen der Cloud Computing Anbieter auf diese Fragen ist erforderlich.

7 Literaturverzeichnis

Benlian, Alexander, Hess, Thomas, Buxmann, Peter (Hrsg.) (2010): Software-as-a-Service, Wiesbaden: Gabler, 2010.

Bloom, N., Liang, J., Roberts, J., Ying, Z. J. (2015): Does Working from Home Work? Evidence from a Chinese Experiment *, in: The Quarterly Journal of Economics, 130. Jg., Nr. 1, S. 165–218.

Bräuninger, M., Haucap, J., Stepping, K., Stühmeier, T. (2012): Cloud Computing als Instrument für effiziente IT-Lösungen: Betriebs- und volkswirtschaftliche Potenziale und Hemmnisse, in: List Forum für Wirtschafts- und Finanzpolitik, 38. Jg., 3-4, S. 173–203.

Bruhn, Peter (2020): Homeoffice und mobiles Arbeiten im Team effektiv umsetzen, Wiesbaden: Springer Fachmedien, 2020.

Kollmann, Tobias (Hrsg.) (2020): Handbuch Digitale Wirtschaft, Wiesbaden: Springer Fachmedien, 2020.

Kraus, S., Grzech-Sukalo, H., Rieder, K. (2020): Mobile Arbeit – Home-Office, Dienstreisen, Außendienst – was ist wirklich belastend?, in: Zeitschrift für Arbeitswissenschaft, 74. Jg., Nr. 3, S. 167–177.

Landes, Miriam, Steiner, Eberhard, Wittmann, Ralf, Utz, Tatjana (2020): Führung von Mitarbeitenden im Home Office, Wiesbaden: Springer Fachmedien, 2020.

Mell, P., Grance, T. (2011): The NIST Definition of Cloud Computing, in:

Münzl, Gerald, Pauly, Michael, Reti, Martin (2015): Cloud Computing als neue Herausforderung für Management und IT, Berlin, Heidelberg: Springer, 2015.

Sehgal, Naresh K., Bhatt, Pramod C. P. (2018): Cloud Computing Concepts and Practices, Cham: Springer International Publishing, 2018.

Verne Kopytoff (2012): The Cloud Carries Risks, Too, in: Bloomberg.

Yu, Y., Li, M., Li, X., Zhao, J. L., Zhao, D. (2018): Effects of entrepreneurship and IT fashion on SMEs' transformation toward cloud service through mediation of trust, in: Information & Management, 55. Jg., Nr. 2, S. 245–257.

7.1 Internetquellen

Bitkom e.V. (2020): Drei von vier Unternehmen nutzen Cloud-Computing, <https://www.bitkom.org/Presse/Presseinformation/Drei-von-vier-Unternehmen-nutzen-Cloud-Computing> (23-06-2020), abgerufen am 14. 1. 2021.

Bitkom e.V. (2020): Mehr als 10 Millionen arbeiten ausschließlich im Homeoffice, <https://www.bitkom.org/Presse/Presseinformation/Mehr-als-10-Millionen-arbeiten-ausschliesslich-im-Homeoffice> (08-12-2020), abgerufen am 8. 1. 2021.

Breisig, Thomas, Hiltraud Grzech-Sukalo und Gerlinde Vogl (2017): Mobile Arbeit gesund gestalten – Trendergebnisse aus dem Forschungsprojekt prentimo – präventionsorientierte Gestaltung mobiler Arbeit., <http://www.prentimo.de/assets/Uploads/prentimo-Mobile-Arbeit-gesund-gestalten.pdf> (2017), abgerufen am 7. 1. 2021.

BSI (2021): BSI - Cloud Computing Grundlagen, <https://www.bsi.bund.de/DE/Themen/DigitaleGesellschaft/CloudComputing/Grundlagen/Grundlagen_node.html> (09-01-2021), abgerufen am 9. 1. 2021.

Givin, Nicole (2016): Cloud Economics – Are You Getting the Bigger Picture?, <https://www.cloudtp.com/doppler/cloud-economics-getting-bigger-picture/> (27-04-2016), abgerufen am 10. 1. 2021.

KPMG (2020): Cloud-Computing in Zeiten von Covid-19, <https://www.citec-ag.de/files/user_upload/News/cloud-computing-covid-19-sec.pdf> (2020), abgerufen am 11. 1. 2021.

Pols Axel, Vogel, Marko: Cloud-Monitor 2019, <https://www.bitkom.org/sites/default/files/2019-06/bitkom_kpmg_pk_charts_cloud_monitor_18_06_2019.pdf> , abgerufen am 10. 1. 2021.

Statista (2020): Anteil der Haushalte in Deutschland mit Internetzugang bis 2019, <https://de.statista.com/statistik/daten/studie/153257/umfrage/haushalte-mit-internetzugang-in-deutschland-seit-2002/> (26-02-2020), abgerufen am 6. 1. 2021.

Statista (2020): Einsatz von Homeoffice infolge des Coronavirus 2020, <https://de.statista.com/statistik/daten/studie/1104331/umfrage/einsatz-von-homeoffice-infolge-des-coronavirus/> (18-03-2020), abgerufen am 6. 1. 2021.

Statista (2020): Technische Möglichkeit von Homeoffice 2020 infolge des Coronavirus 2020, <https://de.statista.com/statistik/daten/studie/1104363/umfrage/umfrage-zur-technischen-moeglichkeit-von-homeoffice-infolge-des-coronavirus/> (18-03-2020), abgerufen am 6. 1. 2021.

Statista (2020): Cloud Computing - Umsatz nach Segment bis 2022, <https://de.statista.com/statistik/daten/studie/284706/umfrage/prognose-zum-umsatz-mit-cloud-computing-weltweit-nach-segment/> (17-11-2020), abgerufen am 9. 1. 2021.